AF563706

(Conserver la couverture)

PÉTITION ADRESSÉE A MM. LES DÉPUTÉS

MÉMOIRE & DOCUMENTS

À L'APPUI DE LA PÉTITION

PRÉSENTÉE A L'ASSEMBLÉE NATIONALE

Par M. DUPUIS

PARIS

JUIN 1876

TABLE DES MATIÈRES.

SOMMAIRE DU MÉMOIRE :

ANNEXES :

Messieurs les Députés,

M. Jean Dupuis, citoyen français, demeurant à Han-Kow (Chine), en ce moment en résidence à Paris, rue Saint-Georges, n° 40,

Vous prie respectueusement,

D'ordonner une enquête à l'effet d'établir, tant par titres que par témoins, les faits et griefs ci-après, par lui articulés à la charge de l'Administration de la marine française, savoir :

1° Que M. Dupuis, après avoir découvert, dans son exploration de 1870-71, une voie de communication naturelle entre le Yûn-Nân (Chine) et la mer, par le Song-Koï ou fleuve Rouge, résidait depuis 1872 au Tong-Kin, avec la qualité et les pouvoirs d'agent officiel des autorités chinoises pour l'ouverture du fleuve à la navigation.

2° Que, le 9 février 1874, M. Philastre, envoyé politique de l'amiral Dupré, gouverneur de la Cochinchine, a expulsé de Hâ-Noï (Tong-Kin) et séquestré sur le bord de la mer, à Haï-Phong, cinq navires et un personnel de deux cents personne environ, placé sous les ordres de M. Dupuis, organisateur et chef de l'expédition pour l'ouverture et la protection de la nouvelle voie commerciale.

3° Que cette expulsion et ce séquestre ont été maintenus, par la force armée, depuis le 9 *février* 1874 jusqu'au 15 *septembre* 1875, jour de l'ouverture officielle du Tong-Kin et du fleuve Rouge au commerce du monde entier, sous la protection du pavillon français, en vertu du traité, du 15 mars 1874, entre la France et l'Annam.

4° Qu'au mépris de ce traité, dont la duplicité des Annamites et leur haine contre la France ont fait une lettre-morte, le pays est aujourd'hui fermé plus que jamais au commerce français et étranger.

5° Que le traité du 15 mars 1874 n'a été obtenu des Annamites, par l'amiral Dupré, qu'à la condition que M. Dupuis serait préalablement sacrifié.

6° Que l'Administration de la marine française, à Saïgon, s'est constamment refusée à l'exécution du traité au regard de M. Dupuis, qui en invoque les clauses formelles, et lui a fait défense de remonter de Haï-Phong au Yûn-Nân à ses risques et périls.

7° Que ces procédés violents et cette atteinte à la propriété et à la personne d'un citoyen français ont été perpétrés, deux mois avant la signature du traité du 15 mars 1874, dans un pays où l'Administration de la marine française n'avait aucun droit d'intervention, où M. Dupuis tenait une position légale, avec possession d'état, et après que le Gouvernement français avait donné à ce dernier des preuves effectives de l'intérêt qu'il portait à une entreprise avantageuse au plus haut point pour la France.

8° Que, par suite de ces faits et d'une persécution qui a pris toutes les formes, M. Dupuis a perdu, avec sa santé, une fortune personnelle importante, a contracté des dettes énormes pour nourrir et entretenir son personnel prisonnier sur le bord de la mer, et, qu'en outre, il a été privé, par la ruine de son expédition, des bénéfices que lui assuraient des marchés considérables passés au Yûn-Nân.

9° Qu'enfin, l'expulsion de M. Dupuis et l'évacuation du Tong-Kin, exécutées par M. Philastre, ont causé le massacre, par les lettrés annamites, de milliers de Tong-Kinois, la plupart chrétiens, auxquels la protection de la France avait été promise, et aussi le pillage des maisons de M. Dupuis à Hâ-Noï, de ses papiers et de ses barques, au nombre de trente-deux.

La présente enquête ayant pour but, l'exactitude et la vérité des faits et griefs étant reconnue, d'obtenir du Gouvernement français :

1° L'exécution, au regard de M. Dupuis, du traité du 15 mars 1874, ouvrant le Tong-Kin et le fleuve Rouge au commerce, sous la protection du pavillon français, sinon la liberté pour M. Dupuis de continuer son œuvre et ses affaires, à ses risques et périls.

2° Le paiement de dommages-intérêts, comprenant :

1° La somme que M. Dupuis justifiera devoir à ses équipages pour leur solde, pendant la durée du séquestre établi et maintenu par l'Administration de la marine française.

2° La somme à laquelle s'élèvent les deux indemnités dues par l'Annam à M. Dupuis, indemnités dont le règlement a été remis par MM. Millot et Garnier à l'amiral Dupré, qui les a grevées d'une hypothèque et en a promis le recouvrement.

3° La somme, à fixer par état, à laquelle s'élèvent les autres indemnimités dues par l'Annam à M. Dupuis, depuis le règlement de l'indemnité Garnier, l'Administration de la marine ayant mis obstacle à ce que M. Dupuis se les fît payer lui-même.

4° La somme, à fixer par état, à laquelle s'élèvent les indemnités dues par le Gouvernement français à M. Dupuis, en raison du séquestre de son expédition, sévices, etc....

5° La somme, à fixer par état, à laquelle s'élèvent les indemnités dues par le Gouvernement français à M. Dupuis, en raison de la ruine de l'expédition du fleuve Rouge et des bénéfices que M. Dupuis a manqué de réaliser, par le fait de l'Administration de la marine française.

Messieurs les Députés,

Si le Mémoire et les Documents que je produis, à l'appui de la présente pétition, ne sont pas de nature à porter la conviction dans vos esprits, j'ose affirmer que le témoignage unanime des officiers de la marine, des missionnaires, des négociants, des notables tong-kinois et chinois (et l'enquête seule peut les faire parler), établira la rigoureuse exactitude des faits et griefs que je soumets à votre haute juridiction.

Après tant de misères souffertes, dont aucune n'est imputable à moi-même, me sentant au cœur tant de poignantes douleurs, je vais enfin trouver, dans la Mère-Patrie, auprès des Représentants du pays, la protection et la justice dues à mes droits et à mon patriotisme, et voir la fin de persécutions iniques.

Dans ces sentiments, j'ai l'honneur d'être,

Messieurs les Députés,
Avec un profond respect,
Votre très-humble et très-obéisssant serviteur,

J. DUPUIS.

Paris, le 23 juin 1876.

MÉMOIRE ET DOCUMENTS

A L'APPUI DE LA PÉTITION

PRÉSENTÉE A L'ASSEMBLÉE NATIONALE

PAR M. DUPUIS.

MESSIEURS LES DÉPUTÉS,

Le 28 mars dernier, je m'embarquais à Saïgon pour la France. A peine étais-je en mer, que ce télégramme officiel parvenait au gouverneur de la colonie : « *Par tous les moyens légaux, mais rien que par les moyens légaux, empêchez Dupuis de partir.* » — C'est l'acte dernier d'une persécution qui a duré deux ans et plus, exercée contre moi par l'Administration française en Cochinchine. Echappé à la maladie, à la mort, j'arrive en France, pour vous demander justice, dans une affaire, où les intérêts publics et les intérêts privés ont été également méconnus et sacrifiés.

§ 1er.

M. Dupuis.

M. Dupuis est né à Saint Just-la-Pendue (Loire), le 8 décembre 1829. Le goût des voyages et des découvertes le conduisit, presqu'au sortir du collége, d'abord en Egypte, puis en Chine où il s'enfonça dans l'intérieur en compagnie de M. G. Eugène Simon, actuellement consul de France à Sydney (Australie). Les deux voyageurs se proposaient d'explorer le Thibet, pour de là gagner Pékin, par la Mongolie, en traversant le désert de Khou-Khou-noor. Partis de Shang-Haï ils arrivèrent à Han-Kow (Chine du centre) où ils durent abandonner leur projet, en raison de l'état du pays désolé par la guerre civile du Se-Tchuen. M. Dupuis prit le parti de rester à Han-Kow et de s'y établir, en attendant les événements. Avec le temps, par son énergie et sa connaissance parfaite de la langue et des idiômes chinois, il parvint à se créer une grande situation à Han-Kow, où il avait obtenu du gouvernement chinois le privilége de tenir un dépôt d'armes et de munitions de guerre, pour l'approvisionnement des provinces du Céleste Empire.

§ 2me.

Découverte du Song-Koï ou fleuve Rouge.

M. Dupuis était en Chine depuis dix-huit ans; il avait acquis une grande fortune, et, par sa situation, pour ainsi dire officielle, il s'était créé des relations intimes avec les mandarins et vice-rois des provinces du Sud. Il en profita pour mettre à exécution un projet conçu et étudié depuis 1864. En 1870, d'accord avec le vice-roi du Yûn-Nân, suivi d'une escorte chinoise qui le laissa à Montze, ville frontière, il quitta cette province, dans la direction du Tong-Kin, à la recherche d'une voie commerciale économique entre la Chine du Sud-Ouest et les ports européens. Monté sur une barque seul avec un domestique, il descendit le Song-Koï, ou fleuve Rouge, traversa au sortir de Lao-Kaï, des peuplades insoumises et sauvages et pénétra jusqu'aux avant-postes Annamites. Là, il acquit la certitude que le fleuve se poursuivait jusqu'au golfe du Tong-Kin, dans un état continu de navigabilité. L'œuvre poursuivie sans relâche depuis quarante ans et plus par les Anglais, dans l'Inde ; l'œuvre tentée sans succès en 1866-1868, par la célèbre expédition du Me-Kong, était enfin accomplie et par un Français (1).

§ 3me.

L'ouverture du fleuve Rouge à la navigation est décidée.—M. Dupuis est mis à la tête de l'expédition.—Convention avec les mandarins.

Le Yûn-Nân est sans contredit le pays du globe le plus riche en produits métallurgiques. On y trouve à profusion la houille, le fer, le zinc, le plomb, l'étain, le cuivre, le mercure, l'argent, l'or, etc. Les provinces voisines, le Se-Tchuen, le Koueï-Tcheou, le Kouang-Si, ne sont pas moins fertiles en produits de toute sorte. Ces richesses naturelles restent sans emploi, leur transport par les provinces de la Chine étant presque impossible et exigeant un temps très long. Le Tong-Kin, que le fleuve Rouge traverse, dans la plus grande partie de son parcours, a été conquis par les Annamites en 1802, et depuis ce temps, ils n'ont pu conserver ce pays, qui compte dix millions d'habitants environ, qu'en le privant de toute communication avec l'extérieur et qu'en faisant peser sur la population un despotisme étouffant.

A cette époque l'insurrection musulmane levait encore la tête dans la province du Yûn-Nân; M. Dupuis n'eut pas de peine à convaincre les autorités chinoises des avantages que présenterait la voie nouvelle pour l'introduction des armes et munitions de guerre et pour le débouché des produits métallurgiques, accumulés faute de communications. Les droits de douane seuls devaient enrichir le Yûn-Nân.

Dans ces circonstances, l'accord s'établit facilement entre M. Dupuis et les mandarins, et par suite ce dernier reçut la mission :

1° D'ouvrir la nouvelle voie commerciale, en la protégeant contre les bandits et les pirates par des postes établis selon la nécessité des lieux.

2° D'amener au Yûn-Nân, par le golfe du Tong-Kin, des armes et des munitions de guerre, pour écraser l'insurrection.

A cet effet, M. Dupuis fut muni de pouvoirs en règle, l'autorisant à organiser

---

(1) Voir aux Annexes n° 1. Lettre de M. de Geofroy, ministre de France à Pékin, à M. Dupuis.

une expédition, dont le commandement lui était confié, et l'accréditant auprès de l'empire d'Annam, vassal de la Chine.

Aux termes d'une convention intervenue entre les mandarins du Yûn-Nân et lui, M. Dupuis recevait, pour les frais de son expédition : 1° une certaine somme en argent ; 2° et, l'argent étant rare dans la province épuisée par la guerre, dix mille picules d'étain, calculés à forfait, sur le pied de cent francs le picule. En outre, il avait commission de vendre pour le compte des mandarins, à valoir sur les frais de l'expédition, douze mille picules de cuivre, le tout à prendre à bord du fleuve, par M. Dupuis, à son arrivée au Yûn-Nân, par la nouvelle voie. Enfin, M. Dupuis recevait promesse d'une large part dans le produit de l'exploitation des mines.

Ce traité, très-avantageux pour M. Dupuis, l'obligeait toutefois à engager toute sa fortune et au delà dans les dépenses de l'expédition et à l'exposer aux risques et périls d'une entreprise pleine de dangers.

§ 4me.

M. Dupuis à Paris, au ministère de la marine.

Au commencement de 1872, M. Dupuis arrivait à Paris pour faire part de sa découverte et de ses desseins au ministre de la marine. Voici, en substance, la réponse qui lui fut faite, après un accueil bienveillant et plein d'encouragements : « Dans la situation présente de la France, nous ne pouvons que faire des vœux pour votre entreprise. Nous ne pouvons intervenir ni pour ni contre, dans cette affaire, qui demeure entièrement à vos risques et périls. Si vous éprouvez de la résistance et si vous croyez pouvoir l'emporter, frayez-vous un passage par la force. Mais si vous ou vos gens êtes tués, nous ne pouvons intervenir pour vous venger. » Toutefois, M. Dupuis obtint du ministère qu'un navire de l'Etat serait mis à sa disposition pour le conduire, sous pavillon français, de Saïgon à Hué, capitale de l'Annam, où il désirait communiquer ses pouvoirs au gouvernement Annamite et s'entendre avec lui, au sujet du passage par le Tong-Kin et de l'ouverture de la nouvelle voie commerciale.

Ainsi donc, neutralité bienveillante de la part de la France. Le Ministre et M. Dupuis auraient-ils pu prévoir alors qu'un jour viendrait où l'amiral Dupré, représentant de la France en Cochinchine, expulserait M. Dupuis du Tong-Kin, mettrait ses navires sous séquestre, ruinerait son expédition, laisserait massacrer des milliers de Tong-Kinois, la plupart chrétiens, le tout pour obtenir piteusement des Annamites, la veille même de son départ pour la France, un traité dérisoire qui, sous prétexte d'ouvrir le Tong-Kin au commerce, a fermé plus que jamais ce pays aux Européens !

§ 5me.

M. Dupuis à Saïgon.—Entrevue avec le général d'Arbaud.

Le 15 du mois de mai 1872, M. Dupuis était de passage à Saïgon, rentrant en Chine. En même temps que lui, arrivait une longue dépêche ministérielle concernant son entreprise. Dans une entrevue qu'il eut avec le général d'Arbaud, gouverneur par intérim, M. Dupuis reçut l'assurance qu'un navire de guerre serait mis à sa disposition pour le conduire à Hué, à l'époque qu'il aurait fixée. Le 12 septembre, M. Dupuis était de retour à Saïgon. Un court séjour dans cette ville suffit à le convaincre que le pavillon français était une mauvaise recommandation auprès de Tu-Duc. En effet, les Annamites se refusaient toujours à reconnaître l'occupation de la France et exerçaient contre nos possessions un état d'hostilité permanente. Après en avoir conféré avec le gouverneur, M. Dupuis prit la résolution de retourner à Hong-Kong, sans passer par Hué, et de gagner directement le golfe du Tong-Kin, à la tête de son expédition. Toutefois, il fut convenu entre le gouverneur et lui qu'un navire de guerre croiserait à tout événement sur les côtes du Tong-Kin, dans les parages de Haï-Phong, où l'expédition devait rallier. « *Vous ne serez pas abandonné,* avait dit, au dernier moment, le général d'Arbaud, *chaque mois j'enverrai un navire pour entretenir mes communications avec vous.* »

§ 6me.

Le BOURAYNE, *commandant Senez, à Haï-Phong.—M. Dupuis au Tong-Kin.*

Le 8 novembre 1872, M. Dupuis arrivait à Haï-Phong à la tête de son expédition, composée de deux canonnières à vapeur, une chaloupe à vapeur et une grande jonque chargée de matériel de guerre et de charbon. Il trouvait au mouillage le *Bourayne*, commandant *Senez*. Aussitôt, le commissaire royal *Ly*, gouverneur des trois provinces maritimes du Tong-Kin, fut invité à se rendre à bord du *Bourayne*, où il fut accueilli au milieu de salves d'artillerie, avec branle-bas général de combat, pour lui faire honneur. Une conférence eut lieu entre le commandant *Senez*, le commissaire *Ly*, et M. Dupuis, dans laquelle ce dernier donna connaissance des pouvoirs qui l'accréditaient comme envoyé des autorités chinoises, et réclama assistance et protection pour la traversée du Tong-Kin et l'établissement de la nouvelle voie commerciale. Il fut en outre convenu, dans cette conférence, que le gouverneur annamite demanderait à Hué l'autorisation de laisser passer M. Dupuis, mais que si, dans un délai de quinze jours, la réponse n'était pas arrivée, M. Dupuis pourrait passer outre et remonter le fleuve. Et le *Bourayne* repartit.

Au départ du *Bourayne*, changement à vue : avis à M. Dupuis que la réponse de Hué n'arriverait pas avant trois mois; invitation d'aller attendre cette réponse à Hong-Kong; ordre aux habitants de faire le vide autour de l'expédition et défense de fournir des vivres, sous peine de mort.—Protestations de M. Dupuis, avec déclaration qu'il passerait outre si, dans le délai fixé, la réponse n'était pas arrivée, et ce, en vertu de ses pouvoirs et de la convention. Le temps qui restait fut employé à reconnaître et à tenter les nombreuses embouchures et branches du fleuve; enfin, après quinze jours d'essais infructueux, le vrai passage fut trouvé, et le 22 décembre 1872, l'expédition jetait l'ancre à Hâ-Noï, capitale de Tong-Kin, ville de cent mille habitants, située à cent quarante milles au-dessous de l'endroit où M. Dupuis s'était arrêté, deux ans auparavant, lors de sa première exploration en 1870-71.

A Hâ-Noï, continuation des dispositions hostiles; refus par les autorités annamites de reconnaître les pouvoirs de M. Dupuis ; déclaration qu'on n'accepterait comme valables que des pouvoirs émanés du vice-roi de Canton ; défense aux habitants de communiquer avec l'expédition et de fournir des vivres ; enlèvement de toutes les barques. C'était alors la saison sèche, et les navires, par suite des basses eaux, ne pouvaient remonter beaucoup au-dessus de Hâ-Noï. Les Annamites comprenaient à merveille que retarder l'expédition c'était la ruiner. Tout fut mis en œuvre pour la retenir prisonnière à Hâ-Noï et l'étouffer sur place, à la longue.

§ 7me.

M. Dupuis remonte au Yûn-Nân.

Cependant M. Dupuis se créait des intelligences avec les Chinois et les Tong-Kinois, qui, chaque nuit, lui apportaient des vivres et lui indiquaient les endroits où les barques étaient cachées. Il put ainsi se procurer quelques barques et charger une partie de son matériel. Cette opération accomplie le 18 janvier, prenant avec lui quelques-uns des siens, il s'engagea dans le haut fleuve, laissant ses navires et le gros de son expédition à Hâ-Noï, sous le commandement d'un Français, M. Millot. Après quelques jours d'une navigation rendue plus difficile par le mauvais état des barques, qu'il fallait souvent réparer, M. Dupuis retrouva ses sauvages, plus hospitaliers que les Annamites, renoua connaissance avec eux, toucha les frontières de Chine le 20 février, pour arriver le 16 mars à Yûn-Nân-Sèn, capitale du Yûn-Nân, où sa présence provoqua un enthousiasme indescriptible. Les populations de ce pays, si riche en minéraux, vivent dans l'insuffisance de toutes choses. Les tendances des peuples vers le bien-être et la richesse sont partout les mêmes, et la démonstration pratique que M. Dupuis venait de faire de la nouvelle voie commerciale le fit accueillir comme un libérateur et excita, parmi les habitants du Yûn-Nân, les plus grandes espérances. C'est à des centaines de millions qu'il faut estimer la valeur des produits qui, à un moment donné, peuvent prendre la voie du fleuve Rouge pour pénétrer en Chine ou descendre à la mer.

Les mandarins étaient montés au même point que leurs peuples. La rébellion musulmane venait de perdre Taly-Fou, son dernier rempart. Le maréchal Mâ, vainqueur des musulmans, sur le point de licencier son armée, offrit dix mille hommes à M. Dupuis pour assurer la circulation du fleuve Rouge jusqu'à la mer; il n'en fallait pas tant. Le général et les mandarins ignoraient la situation politique du Tong-Kin. Les Tong-Kinois, avec leurs idées séparatistes, n'attendaient qu'une occasion pour secouer le joug des Annamites; et la force des choses, M. Dupuis le savait bien, les donnait comme alliés naturels à la première puissance qui interviendrait.

Si, à ce moment, M. Dupuis eût favorisé les intérêts chinois, s'il n'avait pas oublié, et lui-même et plus que lui-même, l'œuvre à laquelle il avait voué sa vie, pour ne songer qu'à la France, la Chine serait aujourd'hui maîtresse de

Tong-Kin ; M. Dupuis serait opulent, et la voie du fleuve Rouge, ouverte au commerce des nations, aurait élevé son nom au premier rang des explorateurs et des bienfaiteurs des peuples. Loin de là, une persécution de deux années et plus, exercée contre lui par le gouvernement français de la Cochinchine, a englouti sa fortune et ruiné sa santé.

§ 8me.

Retour de M. Dupuis à Hâ-Nci. — Instructions de l'amiral Dupré. — Prêt de trente mille piastres par l'amiral à M. Dupuis.

Le 30 avril 1873, M. Dupuis, après avoir conclu d'importants marchés au Yûn-Nân, rentrait à Hâ-Noï, ramenant avec lui huit barques, un petit chargement de minerai et une escorte de cent cinquante soldats du maréchal Mâ, qu'il jugeait suffisante, avec le personnel de l'expédition, pour assurer la circulation du fleuve. Le vice-roi de Canton, intermédiaire officiel entre le Céleste-Empire et son vassal, le roi d'Annam, avait écrit à la cour de Hué et au maréchal Nguyen, gouverneur général du Tong-Kin, pour accréditer M. Dupuis auprès d'eux et leur donner l'ordre de le laisser circuler librement sur le fleuve Rouge pour les intérêts de la province du Yûn-Nân. D'un autre côté, l'expédition n'avait pas eu trop à souffrir de la part des Annamites, qui, craignant le retour de M. Dupuis avec des forces imposantes, s'étaient bornés à continuer leurs mauvais procédés, sans attaquer à main armée ; mais bientôt les choses allaient prendre une autre tournure.

Le premier soin de M. Dupuis, à son retour à Hâ-Nôi, fut d'envoyer à Saïgon son représentant, M. Millot, pour rendre compte au gouverneur de la Cochinchine, le contre-amiral Dupré, des résultats de son expédition et de la situation politique du Tong-Kin. M. Millot avait pour mission de faire savoir à l'amiral qu'en réalité M. Dupuis était maître du Tong-Kin ; qu'à l'exception des troupes annamites, venues de Hué, toute la population indigène était pour lui, et que, sur un signe de celui qu'elle considérait comme son libérateur, elle chasserait les Annamites, et mettrait à sa tête un roi de l'ancienne dynastie des Lè, caché dans les montagnes. L'amiral avait donc à choisir entre deux partis : ou laisser M. Dupuis agir, et, dans ce cas, ce dernier rétablissait le prétendant, en le plaçant sous le protectorat de la France ; ou conquérir le Tong-Kin, et, dans cette hypothèse, deux cents hommes suffisaient à en faire une colonie française.

A cette communication, l'amiral répondit par les instructions suivantes :

« *Recommander à M. Dupuis d'user de toute son influence pour arrêter tout mouvement insurrectionnel de la populotion tong-kinoise.*

» *Se bien garder d'appeler les troupes chinoises au Tong-Kin* (1).

» *Tenir le* statu quo *pendant trois mois pour permettre à l'amiral décidé à intervenir de choisir son heure.* »

Quant à l'indemnité que M. Dupuis réclamait de l'Annam, pour les préjudices causés à l'expédition, l'amiral s'engagea personnellement à la faire payer, et invita M. Millot à formuler une demande, au nom de M. Dupuis : ce que fit M. Millot, comme si M. Dupuis avait besoin, sur ce point, du concours de l'amiral Dupré.

M. Millot fit remarquer à l'amiral qu'un séjour de trois mois à Hà-Noï, dans l'inaction, devait occasionner des dépenses considérables. (Les frais s'élevaient à 55,000 fr. par mois.)—Que l'ouverture de la voie se trouverait retardée d'autant. —Que M. Dupuis courait risque d'éveiller les soupçons de ses mandants, et s'exposait ainsi à perdre les bénéfices qu'il avait lieu d'attendre de la vente de son étain et de ses opérations commerciales ; — Que, certainement, M. Dupuis se conformerait à ces instructions, mais qu'il serait placé dans la nécessité d'avoir recours à des capitaux étrangers, ne connaissant pas une seule maison française sur laquelle on pût sérieusement compter. — « *Il ne faut pas absolument intéresser les étrangers dans cette affaire, répartit vivement l'amiral à M. Millot. —Quélle somme vous faut-il pour attendre trois mois ?*— M. Millot accepta les offres de l'amiral, et suivant acte reçu, Chaignon, notaire à Saïgon, fut réalisé par M. Millot, au nom de M. Dupuis, un emprunt de trente mille piastres, avec garantie de la colonie et hypothèque sur tous les biens de M. Dupuis, et, notamment, sur l'indemnité de deux cent cinquante mille piastres que l'amiral avait promis de faire payer aux Annamites, et, en outre, sur les dix mille picules d'étain du Yûn-Nân (2).

---

(1) Voir aux annexes, n°s 2 et 3, les lettres de l'amiral Dupré aux vice-rois du Yûn-Nân et de Canton.

(2) Voir aux annexes, n° 4, acte reçu Chaignon, notaire à Saïgon.

§ 9me.

Hostilités avec les Annamites. — M. Dupuis assure son établissement au Tong-Kin. — Reprise des opérations commerciales. — Arrivée de M. Garnier à Hâ-Noï.

Un mois s'était écoulé depuis le retour de M. Dupuis à Hâ-Noï. La saison des pluies commençait et la navigation devenait plus difficile. Les Annamites, avec lesquels les négociations continuaient toujours, sans jamais aboutir, se décidèrent aux plus grands efforts pour détruire l'expédition. Le haut du fleuve fut occupé par leurs troupes, pour intercepter les communications avec le Yûn-Nân. Empoisonnement des eaux potables, tentatives d'incendie, attaques à main armée, l'expédition eut tout à souffrir de la part des Annamites, qui voulaient en finir par tous les moyens. La tête de M. Dupuis et celle de ses hommes furent mises à prix. Les Tong-Kinois, partisans de M. Dupuis, étaient enlevés de la ville et torturés jusqu'à la mort. Ce fut une bataille de chaque jour, et chaque jour un nouveau succès pour M. Dupuis, tant et si bien qu'il finit par cantonner les Annamites dans la citadelle, avec défense expresse de paraître dans la ville commerciale sous peine d'être arrêtés et emprisonnés.

Désormais tout était fini. Les Annamites, résignés, avaient perdu tout espoir et parlaient de traiter. D'un autre côté, les trois mois fixés par l'amiral étaient expirés, et M. Dupuis, laissé à lui-même, se préparait à l'exécution de son mandat et de ses projets. Le 8 octobre 1873, une deuxième expédition partait pour le Yûn-Nân avec un convoi. M. Dupuis avait remarqué, sur le parcours du fleuve, un emplacement des plus favorables pour l'établissement d'un port. Un poste de cent cinquante hommes y fut installé au milieu des forêts, et aussitôt les indigènes commencèrent à construire des habitations sous la protection du camp. Encore un peu de temps et l'ouverture du fleuve n'était plus un vain mot. En attendant, le commerce chinois allait profiter de la voie nouvelle sous la protection de l'expédition. M. Dupuis se disposait à partir lui-même pour le Yûn-Nân, avec une troisième expédition, quand se répandit la nouvelle de l'arrivée du lieutenant de vaisseau Garnier, à la tête d'un corps expéditionnaire. Enfin, la France se décidait! « *Jamais, disait plus tard M. Dupuis, je n'éprouvai joie plus grande.* » Plus tard aussi revenait à sa mémoire cette parole prophétique d'un officier de la marine française, auquel il avait confié à l'origine ses patriotiques desseins : « *Vous vous mettez dans les mains de l'Administration de la marine française : Dupuis, votre patriotisme pourrait vous coûter bien cher. Faites donc vos affaires avant de faire celles du Gouvernement.*

§ 10me.

L'amiral Dupré et son plan. — M. Dupuis entre deux feux. — Mission de M. Garnier.

A son entrée en rivière, le chef de l'expédition française fit parvenir à M. Dupuis la lettre suivante :

« Mission des Dominicains, 26 octobre 1875.

» *Mon cher Monsieur Dupuis,*

» *Je suis arrivé, vous le savez déjà peut-être, par le d'*Estrées, *avec la mission officielle de faire une enquête sur vos réclamations contre le Gouvernement Annamite et sur les plaintes de celui-ci à votre endroit. Ma mission ne se borne pas là. L'amiral désire mettre un terme à la situation équivoque du commerce étranger au Tong-Kin, et contribuer autant qu'il est en lui à la pacification de cette contrée. Je compte beaucoup sur votre expérience du pays pour m'éclairer sur la meilleure solution de ce difficile problème.*

» *Il est bon cependant, — et vous comprendrez aisément pourquoi, — que nos relations n'aient, au début, qu'un caractère officiel. A un certain point de vue, je suis un juge qui ne doit paraître se laisser prévenir par aucune des deux parties. Mais je puis au moins vous prémunir contre les bruits exagérés que les Annamites ne manqueront pas de faire courir sur les motifs de ma venue, et vous affirmer de la façon la plus positive que l'amiral n'entend abandanner aucun des intérêts commerciaux engagés. Il vous a, d'ailleurs, donné des preuves non équivoques de la vive sympathie qu'il porte à votre entreprise.*

» *Je serai sous très-peu de jours à Hà-Noï, où nous pourrons causer ensemble de la situation politique du pays et de ses nécessités momentanées. J'ai tenu à vous faire parvenir ces quelques lignes par une voie autre que la voie annamite. Elles vous seront envoyées par les soins de la mission espagnole de Haï-Dzuong.*

» *J'ai fait, avec M. Millot, mon dernier voyage de Hong-Kong à Sanghaï, et je pourrai vous en donner les meilleures nouvelles.*

Agréez, mon cher Monsieur Dupuis, l'assurance de mes meilleurs sentiments.

» Signé: FRANCIS GARNIER. »

M. Garnier ne disait pas tout. Aux instructions officielles étaient jointes des instructions secrètes qui l'autorisaient à agir selon les circonstances, et, de son côté, M. Garnier laissait à l'amiral le droit de le désavouer, en cas d'insuccès.

M. Garnier ne savait pas tout. En réalité, l'amiral Dupré avait deux objectifs : Au Tong-Kin, il voulait ravir à M. Dupuis et réserver à la marine française l'honneur d'ouvrir ce royaume au commerce, tout en méditant et en préparant, pour un temps plus éloigné, une occupation définitive que le ministre se refusait à décider actuellement (1).

A Saïgon, il poursuivait la conclusion d'un traité auquel il désirait attacher son nom, traité sollicité de la cour de Hué depuis de longues années, par tous les gouverneurs de la Cochinchine, à l'effet d'obtenir de l'Annam la consécration officielle de l'occupation française et la reconnaissance de la souveraineté de la France dans notre colonie.

En ce temps-là séjournait à Saïgon, depuis les derniers jours de juillet 1873, une ambassade annamite venue pour tâter la situation sur place et chercher par quels moyens et dans quelle mesure elle pourrait tirer parti, contre l'expédition et l'entreprise Dupuis, du désir de l'amiral de conquérir son traité. Cette ambassade s'était fait précéder à Saïgon par une rumeur lui attribuant l'intention d'aller en Europe à la recherche d'une alliance contre l'occupation française, et, à Saïgon, elle s'était présentée elle-même à l'amiral comme ayant le projet d'aller en France entamer des négociations. L'amiral n'eut pas de peine à faire comprendre à l'ambassade qu'il était inutile qu'elle poussât plus loin et qu'il avait tous les pouvoirs nécessaires pour mettre fin à sa mission, à Saïgon même (2).

(1) Dépêches de M. le duc de Broglie, ministre des affaires étrangères, aux agents français dans l'Extrême-Orient au sujet de l'expédition Dupuis.

(2) La cour de Hué ne s'était décidée à cette démarche qu'après avoir épuisé toute sa diplomatie du côté de la Chine, où elle avait présenté l'expédition Dupuis comme l'avant-garde des *brigands de Saïgon*, et M. Dupuis comme un traître abusant de la bonne foi et de la confiance du gouvernement chinois pour livrer le Tong-Kin.

L'amiral n'était pas la dupe de cette diplomatie ingénieuse. De nombreuses correspondances échangées entre le gouvernement de Saïgon et la cour de Hué, depuis l'établissement de M. Dupuis au Tong-Kin, l'avaient depuis longtemps éclairé sur le parti qu'il pourrait tirer des embarras et des frayeurs annamites au sujet de l'expédition du fleuve Rouge. Plus d'une fois, aux instances de l'Annam le suppliant d'expulser le Français envahisseur, il avait répondu : « *Je » ne puis rien sur M. Dupuis, il est le représentant du gouvernement chinois ; » expulsez-le vous-même si vous le pouvez. Le gouvernement français n'a rien » à voir dans cette affaire, et il ne vous rendra nullement responsable de ce » que vous ferez.* »

Dans cette situation, il n'avait pas fallu un temps trop long pour que l'ambassade, tournée et retournée par l'amiral, découvrît le fond des choses et laissât échapper l'aveu pénible que l'Annam était impuissant contre l'expédition Dupuis : *Ce n'est plus nous qui commandons au Tong-Kin, c'est lui*, disait-on. Les ambassadeurs étaient au point ; l'amiral fit ressortir les avantages d'une alliance avec la France, et le traité fut promis ; mais non, toutefois, sans que les Annamites eussent réclamé comme une preuve des bonnes dispositions dont la France se disait animée à leur égard, l'expulsion de M. Dupuis du Tong-Kin, et l'amiral promit aussi. Telle est la vérité, qui ne sera pas contestée, qui ne peut pas l'être. Elle perce déjà dans les instructions officielles de M. Garnier. « *Qui exi- » gera*, disent ces instructions, *si cela est absolument nécessaire pour la con- » clusion du traité, l'éloignement temporaire de M. Dupuis de la capitale du » Tong-Kin, à moins, toutefois, que cette mesure ne soit trop contraire à nos » intérêts, à cause de l'influence que M. Dupuis pourrait avoir sur la popu- » lation tong-kinoise et la colonie chinoise.*

§ 11me.

Négociations de M. Garnier avec les Annamites.—Le grand maréchal Nguyen.—Commencement des hostilités.—M. Garnier réquisitionne les navires et le personnel de M. Dupuis.—Prise de Hâ-Noï.—Conquête du Tong-Kin en vingt jours par cent vingt Français.—Assassinat de M. Garnier.

M. Garnier, avant d'arriver au Tong-Kin, s'était arrêté à Hué, capitale de l'Annam, où il put constater que l'entente cordiale laissait quelques points à éclaircir. Il était porteur de dépêches faisant savoir à la cour de Hué « que l'amiral gouverneur de la Cochinchine envoyait un officier au Tong-Kin pour examiner les plaintes des Annamites et les réclamations de M. Dupuis ; essayer » d'aplanir ce différend, et pour conclure avec la cour de Hué un traité ouvrant » le Tong-Kin au commerce et plaçant ce royaume sous la protection de la » France qui garantirait le territoire ; que cette dernière question ne devait » admettre ni retard ni discussion (1) ; que l'expédition Dupuis avait fait du » bruit dans le monde entier ; que le gouvernement annamite ne pouvait plus » ajourner l'ouverture du Tong-Kin et du fleuve Rouge jusqu'au Yûn-Nân. » Qu'en conséquence, la cour de Hué était invitée à adjoindre au lieutenant Garnier deux mandarins avec pleins pouvoirs pour traiter ces questions au Tong-Kin. » A quoi la cour de Hué répliquait : « Que d'après les rapports de » l'ambassade, la mission de M. Garnier était d'aider les Annamites à chasser » M. Dupuis ; que s'il allait au Tong-Kin pour autre chose, son voyage était » inutile ; qu'on s'entendrait avec M. Dupuis ; que sa présence n'était plus » réclamée. » — « J'ai mission d'aller au Tong-Kin, je vais au Tong-Kin, répondait M. Garnier. » Voyant l'officier français si décidé et sa décision appuyée par des forces respectables, la cour de Hué se décida à détacher deux mandarins chargés de négocier au Tong-Kin, mais surtout de porter des instructions et d'espionner.

Arrivé à Hâ-Noï, M. Garnier essaya d'entamer les négociations, mais le vieux maréchal Nguyen, gouverneur général du Tong-Kin, déclara aux mandarins « qu'il était au-dessus des ordres de la cour de Hué et qu'il agirait à sa guise ; » et à M. Garnier « qu'il était venu au Tong-Kin pour expulser M. Dupuis. » — « Emmenez-le et partez avec lui, ajoutait-il. » — A quoi M. Garnier, protestant énergiquement, répliquait : « Je suis venu pour traiter la question commerciale » d'abord, et ensuite pour examiner vos différends avec M. Dupuis ; commençons par là, si vous le voulez, et faisons une enquête ; si vous n'y consentez » pas, la question commerciale se règlera avec vous ou sans vous. » — Cette opposition d'attitudes amena la rupture des négociations.

M. Garnier, contraint de renoncer à une entente amiable, signifia, le 11 novembre, aux Annamites, un ultimatum où il était dit que si dans trois jours on ne s'était pas entendu avec lui, il ouvrait d'office le Tong-Kin au commerce sous la

(1) Si dans trois jours, disaient les instructions de M. Garnier, ils n'ont pas signé le traité, vous les abandonnerez, vous resterez neutre et laisserez s'accomplir les évènements.

protection du pavillon français ; ce qui fut fait le 15 novembre, l'ultimatum étant resté sans réponse. En même temps, M. Garnier adressait à la population tongkinoise une proclamation que nous publions plus loin (1).

Les hostilités étaient ouvertes. Le 20 novembre, à six heures du matin, l'assaut est donné à la citadelle ; au signal du chef, les canonnières battent les deux portes qui font face au fleuve ; quatre-vingt-dix soldats de marine attaquent les deux portes du côté opposé, et M. Dupuis (2), à la tête de quatre-vingt de ses Chinois et de deux Européens, pénètre dans la place en même temps que nos soldats, après avoir enlevé une demi-lune, où les Annamites avaient concentré leurs principaux moyens de défense. En trente-cinq minutes, la citadelle était prise, avec quelques mille prisonniers et la plupart des mandarins, au nombre desquel Nguyen, qui mourut peu de jours après de ses blessures.

Quelques jours après, M. Garnier se met en campagne pour assurer ses communications avec la mer, et en vingt jours, secondé par MM. Esmez, de Trentinian, Bain, Perrin, Hautefeuille et Balny, officiers de marine, qui accomplissent des prodiges d'audace, il conquiert tout le Delta. M. Dupuis était resté à Hâ-Noï, et n'avait fait que donner ses navires et dès munitions de guerre, le tout réquisitionné par M. Garnier.

D'un autre côté, à l'ouest de Hâ-Noï, la résistance s'organisait. Hoang-Kevien, gouverneur de Son-Tay, levait un corps de quatre à cinq mille soldats et se fortifiait à deux lieues de la citadelle. Ce mandarin avait pris à sa solde d'anciens rebelles chinois, les He-Kis, ou pavillons noirs, ramassis de pillards et d'assassins. M. Garnier et M. Dupuis avaient pris jour pour en finir avec les Annamites dans une action commune, quand le 20, veille du jour fixé pour l'attaque, se présentent deux mandarins envoyés par la Cour de Hué, pour essayer des négociations avec M. Garnier.

Le lendemain, 21 décembre 1873, le chef de l'expédition française était en conférence avec les mandarins, dans la maison même ou Nguyen venait de

---

(1) Voir aux Annexes, n°s 6, 7, 8 et 9, proclamations de M. Garnier, 8, 11, 15 et 20 novembre 1873. Cette dernière proclamation a été affichée après la prise de la citadelle de Hâ-Noï.

(2) M. Dupuis eut un homme tué et un homme grièvement blessé. — Pas de perte du côté des Français, ni blessés.

rendre le dernier soupir, quand des coups de feu se font entendre et les He-Kis se montrent aux approches de la citadelle. Rendu furieux par cette insulte (1), suivi de quelques hommes, le commandant français se précipite, le revolver à la main, fait une sortie, poursuit les He-Kis, qui se sauvent à toutes jambes, et tombe dans un fossé d'écoulement où des bandits embusqués le percent de leurs lances et lui coupent la tête. D'un autre côté, l'enseigne Balny s'était avancé jusqu'à cinq kilomètres avec dix hommes, jusqu'aux premiers retranchements des He-Kis; assailli par une décharge, ce brave enfant tombe mort avec trois hommes de son escorte. A ces nouvelles, M. Dupuis se met à la poursuite des He-Kis, avec cinquante hommes environ, arrive jusqu'à leurs retranchements, mais il était trop tard pour porter secours.

Ces malheureux événements n'étaient pas de nature à modifier la position et l'influence prise par les Français au Tong-Kin. Des milliers de Tong-Kinois, auxquels on avait fait distribuer des armes, étaient venus se ranger autour de l'expédition. D'un autre côté, le 16 décembre, était arrivé en station sur la côte le *Decrès*, commandant Testart du Cosquer. Ce navire avait à bord une certaine quantité de fusils, des munitions de toute sorte, cent-cinq soldats de marine, commandés par le lieutenant Goudard, aide-de-camp de l'amiral, Dupré, et M. Motty, administrateur. Ces renforts arrivèrent à Hâ-Noï, le 25 décembre sur le *Scorpion*, envoyé par M. Garnier, avec M. Esmez, son second, pour les recevoir du *Decrès* (2).

---

(1) C'était une feinte attaque, concertée entre les négociateurs annamites et Hôang-Kevien, pour attirer les Français en rase campagne et les assassiner, ainsi que M. Dupuis l'apprit plus tard.

(2) Extrait du *Journal officiel* de la République française, du 11 janvier 1874.—Ces deux officiers (MM. Garnier et Balny) avaient été envoyés en mission au Tong-Kin, par le gouverneur de la Oochinchine (l'amiral Dupré), sur la demande de la Cour de Hué, dans le but d'exiger d'un voyageur français, M. Dupuis, la stricte observation des dispositions insérées dans nos traités avec le roi Tu-Duc.

« Arrivés à Hâ-Noï, ils rencontrèrent les bandes de Chinois rebelles et des pirates qui dévastaient cette partie du Tong-Kin. Les dispositions hostiles de ces bandes prirent un tel caractère, que MM. Garnier et Balny durent s'enfermer dans la citadelle avec le détachement de troupes qui formait leur escorte.

» Le gouverneur de la Cochinchine annonce qu'à la suite de nouveaux incidents, sur lesquels aucun renseignement ne nous est parvenu, ces officiers ont été tués le 21 décembre.

» Les détails nous manquent, mais des mesures ont été prises immédiatement pour qu'un

§ 12me.

M. Philastre.

A Saïgon, l'amiral gouverneur poursuivait ses pourparlers avec la grande ambassade, et celle-ci mettait en œuvre la diplomatie la plus orientale pour gagner du temps et en gagner encore, ce qui est le fond de la politique annamite. On avait ainsi rempli les trois mois d'attente et de *statu quo* acccordés par M. Dupuis à l'amiral. Mais le succès de l'expédition du fleuve Rouge, la prise de la citadelle de Hâ-Noï, la conquête du Delta, le soulèvement des Tong-Kinois imprimèrent bientôt aux négociations une allure plus décidée, d'autant plus que les prétentions de l'amiral suivaient la marche des événements. L'ambassade, qui sentait le terrain se dérober sous elle, comprit que le moment d'en finir était venu, et le traité fut accepté tel que l'amiral l'avait dicté. Mais au moment de signer, les ambassadeur s'aperçurent qu'ils n'avaient pas de pouvoirs. Le *d'Estrées*, commandant Didot, partit pour Hué, ayant à bord le deuxième ambassadeur annamite et M. Philastre, lieutenant de vaisseau, chargé de vérifier les pouvoirs et de les rapporter à Saïgon avec l'ambassadeur.

A Hué, la Cour était surexcitée au plus haut point. M. Philastre y fut mal accueilli et même emprisonné, dit-on. « Les Français nous trompent, disaient » les mandarins ; ils nous demandent un traité et ils nous font la guerre. Nous » voulons bien traiter, mais non le couteau sur la gorge ; nous perdrions toute » autorité sur nos peuples. Evacuez le Tong-Kin ; arrêtez Garnier, et nous traite» rons ensuite. » Que se passa-t-il? En fin de compte, M. Philastre, qui n'avait pas de mission à cet effet, partit pour le Tong-Kin avec le deuxième ambassadeur, pour faire cesser les hostilités. Il avait assuré la cour de Hué de la bonne foi de l'amiral et accusé M. Garnier d'avoir outrepassé ses pouvoirs et trompé le gouverneur.

---

sévère châtiment soit infligé aux auteurs de cet attentat. Un des ambassadeurs du roi Tu-Duc qui se trouvait à Saïgon, a pris passage sur un bâtiment de la division navale, et s'est fait conduire à Hâ-Noï, afin de prendre les dispositions qui seront jugées nécessaires. »

Or, cet ambassadeur était parti de Saïgon onze jours avant la mort de M. Garnier. Voilà comme le *Journal officiel* écrit l'histoire.

§ 13me.

M. Philastre à Hâ-Noï. — Le Tong-Kin évacué. — Expulsion de M. Dupuis.— Le Traité de Saïgon.

Le commandement de l'expédition était échu à M. Esmez, second de M. Garnier. Cet officier reprit aussitôt avec les mandarins les pourparlers interrompus par l'attaque des Hé-Kis, et un traité satisfaisant allait être signé (1) quand des événements incroyables vinrent plonger dans la consternation le corps expéditionnaire, la population Tong-Kinoise et M. Dupuis.

Le 24 décembre, le d'*Estrées*, ayant à bord M. Philastre et le deuxième ambassadeur annamite, mouillait à côté du *Decrès*, dont le commandant, M. Testart du Cosquer, venait d'apprendre la mort de M. Garnier. M. Testart du Cosquer, qui n'avait pas qualité pour dessaisir M. Esmez de son commandement, prit sur lui de faire acte d'autorité en nommant M. Philastre pour remplacer M. Garnier. Aussitôt, sans se renseigner sur la situation, le nouveau commandant prend des mesures pour détruire l'œuvre de son prédécesseur, continuée par M. Esmez. Il remonte le fleuve, fait évacuer en passant Haï-Phong, commandée par M. de Trentinian, et débarque à Hâ-Noï le 3 janvier 1874. Là, malgré les protestations de M. Esmez et des officiers de M. Garnier, qui représentaient à M. Philastre le danger de ce qu'il allait faire, ce dernier n'écoute personne, si ce n'est l'ambassadeur annamite, et il outrage publiquement la mémoire de M. Garnier (2), qu'il traite d'aventurier et de forban (3). Bientôt une convention est signée avec les Annamites pour l'évacuation générale du Tong-Kin, en vertu de laquelle M. Dupuis est expulsé de Hâ-Noï, et son personnel et ses navires séquestrés à Haï-Phong, sur le bord de la mer, où *la force armée les a retenus jusqu'aux 15 septembre* 1875, où ils sont encore aujourd'hui. Les Tong-Kinois, livrés à la vengeance des Annamites, sont pillés, incendiés, mas-

(1) Voir aux Annexes n° 10 l'extrait du traité imposé aux Annamites par M. Esmez.

(2) Voir aux Annexes n° 11 un extrait de la convention Philastre.

(3) Tous les officiers de la marine savent que l'amiral devait venir passer un mois à Hâ-Noï, aussitôt la conquête terminée. Depuis la prise de la citadelle, on préparait ses appartements sur son ordre.

sacrés par milliers, après avoir reçu de M. Garnier la promesse que la France ne les abandonnerait jamais, et le nom français, acclamé avec tant d'enthousiasme, est aujourd'hui abhorré dans cet infortuné royaume.

Qui paya ? Ce fut M. Dupuis. L'amiral avait dû s'engager à garder prisonnière à Haï-Phong l'expédition du fleuve Rouge jusqu'aux ratifications du traité (*elles n'eurent lieu que dix-huit mois après*). C'est à cette condition seule que les Annamites avaient enfin donné leur signature, sachant bien qu'une rupture définitive ne les exposerait pas à une guerre avec la France, mais aurait pour effet de rendre sa liberté à M. Dupuis, et ils ne craignaient que lui.

L'amiral avait son papier. Le lendemain, il partit pour la France. Quelques mois après son traité était ratifié par l'Assemblée, et lui-même passait vice-amiral.

Par ce traité, la France faisait don à l'Annam de cinq navires de guerre, d'une force totale de cinq cents chevaux, armés et équipés, de cent canons approvisionnés de deux cents coups par pièce ; de mille fusils à tabatière et de cinq cent mille cartouches. Enfin l'Annam recevait remise de l'indemnité de guerre de cinq millions et demi, qu'il restait devoir à la France.

Que recevait la France ? Une signature à laquelle les Annamites étaient résolus de ne jamais faire honneur.

Tout était fini. M. Philastre s'embarque et avec lui le deuxième ambassadeur, attendu à Saïgon pour la signature du traité, cause de tous ces malheurs. Mais la France n'avait plus de gage entre les mains : le Tong-Kin était évacué, l'expédition Dupuis prisonnière à Haï-Phong ; mais l'ambassade avait appris le rappel en France de l'amiral Dupré (1), et la défense à lui faite de tirer un coup de fusil : elle profita de ses avantages. Tout fut à recommencer : il fallut discuter article par article, et le malheureux gouverneur, traîné de jour en jour par des exigences toujours croissantes, fut conduit, de concessions en concessions, jusqu'à la veille même de son départ, à cinq heures et demie du soir. Au dernier moment, dans une scène de fureur, après une dernière concession, l'amiral s'emporta jusqu'à menacer les ambassadeurs : « C'est assez, s'écria-t-il, je n'irai pas plus loin ;

(1) L'amiral, rappelé en France, après la mort de M. Garnier, avait obtenu, à grand'peine et à grands coups de télégraphe, l'autorisation de rester, en annonçant la signature imminente du traité.

» signez, ou demain je pars, non pour la France, mais pour le Tong-Kin et nous » verrons ! »

§ 14me.

M. Dupuis à Saïgon. — Entrevue avec l'amiral Dupré.

La politique brutale de M. Philastre, sa manière d'exécuter la promesse de neutralité faite par le ministre à M. Dupuis, décidèrent ce dernier à partir pour Saïgon. Il voulait tenter auprès du gouverneur un dernier effort pour empêcher l'évacuation et prévenir de grands malheurs (1). Arrivé le 27 janvier à Saïgon, il se présente le même jour au palais du gouverneur qui le reçoit à bras ouverts : « Mon cher M. Dupuis, c'est grâce à vous que j'aurai mon traité ; les Annamites » renoncent à leur ancienne politique, ils se jettent dans nos bras ; je rends leur » territoire pour ne pas trop les humilier mais vos intérêts ne seront pas sacri- » fiés, vos indemnités seront payées et vous allez pouvoir reprendre vos affaires » immédiatement sous la protection d'un traité. — Amiral, on vous trompe, les » Annamites sont des traîtres, vous n'aurez pas votre traité.—Plus tard, les amis » de l'amiral joignirent leurs protestations à celles de M. Dupuis.—Tout le monde » m'abandonne donc ? s'écriait l'amiral.—Mais non, amiral, nous voulons vous » éclairer, les Annamites se jouent de nous.—Je n'en crois pas un mot ; je tiens » les Annamites comme de la meilleure foi du monde, — répondait l'amiral. »

L'amiral avait besoin de croire à la bonne foi des Annamites. Son traité lui était plus que jamais nécessaire ; il était rappelé en France et l'amiral Krantz, en route pour la Chine, avait reçu à Aden l'ordre d'aller faire l'intérim à Saïgon.

M. Dupuis n'eut guère le désir de revoir l'amiral. Il lui adressa plusieurs lettres pour se plaindre du sort malheureux de son personnel à Haï-Phong, et du préjudice causé à ses intérêts par son expulsion du Tong-Kin. Il cherchait encore à ouvrir les yeux du gouverneur sur la duplicité et la trahison des Annamites. Voici les derniers passages d'une lettre qu'il lui adressait à ce sujet, le 12 mars, trois jours avant la signature du traité :

(1) Les hommes composant la petite expédition partie pour le Yûn-Nân sont morts de faim, en partie, ou ont été massacrés par les Annamites, et le camp du haut fleuve fut pillé.

« Je ne veux pas clore cette lettre sans vous dénoncer, M. le gouverneur, que vous êtes trompé, non-seulement en ce qui me concerne, mais en ce qui vous concerne vous-même. Les Annamites du Tong-Kin (mais pas les Ton-Kinois) vous regardent, et avec vous tous vos compatriotes, comme des ennemis exécrables et exécrés, et tandis que des ambassadeurs négocient avec vous un traité de commerce et d'amitié, leurs principaux chefs autorisés ne prennent pas la peine seulement de dissimuler l'exécration dans laquelle ils nous tiennent, nous Français, et ces Tong-Kinois qui nous ont témoigné leurs sympathies. Vous seriez seul à ignorer, M. le gouverneur, que tous ceux qui ont fait cortége à M. Garnier ou lui ont témoigné leurs sympathies sont voués à une persécution dont un grand nombre a déjà été victime.

» L'expérience que j'ai de ce pays, les relations qui m'en arrivent, plus sincères que celles qu'on laisse parvenir jusqu'à vous, révèlent de la part des autorités Annamites, dans le Tong-Kin, une attitude et des vues qui font que vos efforts pour croire à leur amitié jurent contre l'exécration dans laquelle ils tiennent tout ce qui touche à la France et à vous-même.

» J'ai ici les mains pleines des preuves de ce que j'avance ; j'en ai une surtout dont je vous ai transmis la copie hier par M. Vinson. C'est une lettre de Lieou-Yuen-Fou, chef de bandits, condamné à mort en Chine, l'assassin de M. Garnier, l'envoyé de la France au Tong-Kin, et qui, en récompense sans doute de son crime, a été fait par le gouvernement annamite, au moment même où il signe le traité d'amitié, général de division, par la grâce de ses crimes envers des Français. Il est dit, dans cette lettre, que malgré le traité que les Français supplient la cour de Hué de leur accorder, pas un Français ne remontera dans le Yûn-Nân.

» Je me devais, M. le gouverneur, je devais à la confiance que vous m'avez toujours témoignée, de vous dire toutes ces choses, au risque de me trouver en contradiction formelle avec ceux-là mêmes qui, par leur position officielle et par votre confiance envers eux, auraient dû vous les faire connaître.

» Veuillez agréer, etc. »

Signé : J. DUPUIS.

§ 15me.

M. Dupuis à Saïgon. — L'amiral Krantz. — Arrivée de l'amiral Duperré.

L'amiral Dupré était parti, oubliant de transmettre à son successeur, l'amiral Krantz, ses pouvoirs de ministre plénipotentiaire pour signer la convention commerciale, annexe au traité, dont les clauses n'avaient pas été débattues, faute de temps. Cet oubli entraîna encore de nouveaux délais. Le nouveau gouverneur témoigna à M. Dupuis la plus grande bienveillance, et lui exprima ses regrets de ne pouvoir changer une situation qu'il avait trouvée toute faite et qu'il *n'aurait pas créée lui-même*. Il lui promit de demander des instructions au ministre à ce sujet : ce qu'il fit à plusieurs reprises, mais sans résultat.

Cependant le séquestre s'éternisait. Les Annamites espéraient bien cette fois détruire l'expédition contre laquelle ils s'acharnaient depuis si longtemps, et avec l'expédition les projets de M. Dupuis, se promettant bien alors de ne pas ratifier le traité.

Notre malheureux compatriote assiégeait de ses plaintes le palais du gouverneur, et à chaque réclamation on lui faisait espérer une solution prochaine ; mais les jours devenaient des mois et rien ne finissait. Le mois de décembre était arrivé ; M. Dupuis avait sacrifié sa dernière piastre, pour entretenir et nourrir son personnel, comprenant cinq navires armés et deux cents personnes environ. Tout ce monde allait se débander après les plus atroces souffrances, pour ne pas mourir de faim, quand l'Administration de la marine résolut de prendre l'entretien de l'expédition Dupuis à sa charge (Le gouverneur était alors l'amiral Duperré, qui venait de prendre le commandement de la Cochinchine, en remplacement de l'amiral Dupré). Cette mesure de l'Administration était commandée par les circonstances, car si l'expédition Dupuis disparaissait, les Français n'auraient plus eu aucune raison de demeurer militairement au Tong-Kin, où leur force armée n'avait d'autre mission que celle de retenir l'expédition prisonnière. Or la présence de l'expédition à Haï-Phong était une menace suspendue sur les Annamites qui se vantaient tout haut de ne jamais exécuter le traité et de chasser les Français.

Ainsi M. Dupuis, pour avoir voulu mettre la France de moitié dans sa découverte et ses projets, était devenu l'instrument et l'unique moyen d'une politique malhonnête, maladroite et inutile (1).

§ 16me.

Ouverture officielle des ports du Tong-Kin et de son fleuve, le 15 septembre 1875. — Le Tong-Kin plus fermé que jamais.

L'échange des ratifications du traité du 15 mars 1874 avait eu lieu à Hué le 13 avril 1875, mais les Annamites se refusèrent à l'ouverture du Tong-Kin au commerce, avant la ratification de la convention commerciale, qu'on gardait depuis six mois dans les cartons du ministère. On ne se souciait guère, en effet, de soumettre à l'Assemblée ce traité annexe, qui nous liait davantage les bras. Il fallut toutefois se décider, et ce ne fut qu'au 15 septembre 1875 que fut fixée l'ouverture officielle du Tong-Kin au commerce (2).

Ce même jour, 15 septembre 1875, les consuls français s'installaient à Hai-Phong et à Hâ-Noï, avec leur escorte de cent hommes, fournie par la troupe qui gardait l'expédition Dupuis prisonnière. Le séquestre était levé : enfin M. Dupuis retrouvait sa liberté !

Par le premier bateau, M. Dupuis quitta Saïgon pour aller rejoindre son expédition, par la voie de Hong-Kong, l'Administration lui refusant un passage sur les navires de l'Etat. Avant ce jour, le Tong-Kin lui était interdit ; il ne lui était même pas permis d'aller se constituer prisonnier avec ses hommes, et ordre était donné de l'empêcher de débarquer, dans le cas où, s'échappant de Saïgon, il se présenterait sur les côtes du Tong-Kin. Pour justifier cet ordre, l'amiral Duperré prétendait que la présence de M. Dupuis dans le Tong-Kin pourrait occasionner un soulèvement général des Tong-Kinois contre le gouvernement annamite.

(1) La France n'oubliera pas que les résultats consacrés par le traité du 15 mars 1874, sont dus, en premier lieu, à MM. Dupuis et Millot, les premiers des Français qui aient osé, à leurs risques et périls, remonter le Song-Taï depuis son embouchure, à M. Fr. Garnier, sacrifiant une vie précieuse, pleine d'un brillant avenir, pour précipiter l'annexion du Tong-Kin à la France ; enfin à M. le contre-amiral Dupré, qui, quoique souffrant, n'a pas voulu *prendre de congé* avant d'avoir arraché, en quelque sorte les signatures du traité aux émissaires peu pressés de Tu-Duc. (Extrait de l'*Année géographique* 1875, page 238, par Vivien de Saint-Martin).

(2) Le traité du 15 mars 1874 a été soumis à la Chambre le 4 août 1874 ; le lendemain l'Assemblée se prorogeait.

M. Dupuis rejoignit son expédition le 20 octobre 1875. Cette fois encore il venait se heurter contre l'Administration de la Marine, décidée à se débarrasser de lui à tout prix. Le nouveau consul français avait dépouillé ses hommes de leurs armes et ses navires de leurs canons. L'arrivée de M. Dupuis fut le signal d'une autre mesure plus rigoureuse encore : les vivres furent brusquement coupés aux deux cents personnes environ qui composaient le personnel de l'expédition. On désirait maintenant les voir se débander et disparaître. M. Dupuis tint tête à la situation et réclama du consul ses armes et ses canons pour remonter au Yû-Nân. Il aurait trouvé des fonds à Hâ-Noï, auprès des négociants. Tout lui fut refusé. Ses gens, désolés, placés sans défense et sans nourriture entre la mer et l'ennemi, furent circonvenus par le consul, et avec des promesses d'argent et de places dans les Administrations françaises et annamites, on obtint des équipages une déclaration portant qu'ils étaient abandonnés par M. Dupuis. Le consul, prenant des mesures d'office, saisit aussitôt le matériel et les navires, les hypothéqua et distribua des piastres aux hommes de l'expédition. Et ce même consul traitait M. Dupuis de pirate ! — Après vous, M. Turc, s'il vous plait ! — Cette situation fut dénoncée plus tard à l'amiral Duperré dans une lettre qu'il y a lieu de reproduire ici, avec la réponse qui fut faite à M. Dupuis :

« Saïgon, le 10 janvier 1876.

» *Amiral*,

» *A l'occasion du départ du* Duchaffaut *pour le Tong-Kin, permettez-moi de vous exposer succinctement les derniers événements de ce malheureux pays et la situation qui m'est faite au moment où je me croyais arrivé au terme des persécutions dont je suis depuis longtemps la victime.*

» *Le 15 septembre dernier, à l'annonce de l'ouverture au commerce entier de deux ports du Tong-Kin et de son fleuve, je me rendais à Haï-Phong, espérant que le séquestre qui, depuis vingt mois, pesait sur mon matériel et mon personnel, à cause des négociations d'un traité, n'ayant plus sa raison d'être, j'allais rentrer immédiatement en possession de mes navires et de leur armement et pouvoir remonter au Yûn-Nân.*

» *Mais, j'avais, paraît-il compté sans la mauvaise foi des Annamites et la faiblesse des autorités françaises à leur égard. Le commerce est ouvert aux étrangers théoriquement, mais, pratiquement, il est plus fermé que jamais.*

» Le consul de France à Haï-Phong n'a pas daigné me protéger ; bien mieux, il m'a refusé tout moyen de me protéger moi-même et de me rendre un seul de mes bateaux armés avec lequel j'eusse pu remonter le fleuve à mes risques et périls, et repousser les attaques des brigands aux pavillons noirs, à la solde du gouvernement annamite.

» D'un autre côté, sous le prétexte que le commerce et la circulation étaient déclarés libres, il coupait net les vivres de mon personnel.

» Mis au désespoir par cette situation impossible, le consul faisait bientôt comprendre à mes hommes réduits aux abois qu'il leur restait un moyen de ne pas mourir de faim, celui de lui livrer mes navires en échange desquels il leur donnerait les moyens d'existence. (Preuve qu'il fallait anéantir Dupuis par tous les moyens.)

» Je proteste énergiquement, amiral, contre les agissements du consul de France à Haï-Phong à l'égard de mon personnel.

» 1° Il ne devait pas lui couper les vivres sans m'accorder un délai moral et me laisser les moyens d'aller jusqu'à Ha-Noï, où j'aurais pu trouver secours ;

» 2° Les Annamites refusant d'exécuter le traité, il n'était plus obligé de retenir les armes de mes hommes en vertu de ce même traité ;

» 3° Mes soldats appartiennent à la province du Yûn-Nân ; ils ont quitté la capitale avec armes et bagages pour me servir d'escorte ; ils devaient être rendus à leur nation avec leurs armes ;

» 4° M. Turc ne devait pas exciter mon personnel contre moi et le pousser à me réclamer immédiatement un salaire qu'il me savait dans l'impossibilité de payer.

» Aujourd'hui, mes équipages mangent mes navires, mais mes soldats et mes employés chinois n'ayant pas de bâtiments à faire hypothéquer, sont abandonnés à terre sans aucun moyen d'existence, peut-être même poussés à tous les excès possibles.

» Je viens vous prier, amiral, de vouloir bien donner des ordres pour que mes soldats soient rapatriés le plus promptement possible ainsi que le personnel qui est à terre sans moyens d'existence. Pour les soldats du Yûn-Nân, je ne vois qu'une solution pratique, c'est de les transporter à Canton et de les faire remettre par le consul de France de cette ville entre les mains du vice-

roi des deux Kouang, qui les ferait reconduire au Yûn-Nân, en prévenant les autorités supérieures de cette province.

» J'ai l'honneur d'être, avec respect, Amiral, votre très-humble et obéissant serviteur.

» *Signé* : J. Dupuis,

» Fondé de pouvoirs du maréchal Ma, ex-titai du Yûn-Nân. »

Réponse de l'Amiral.

COCHINCHINE FRANÇAISE.

CABINET
DU GOUVERNEUR
Commandant en Chef.

« *Saïgon, le* 10 *janvier* 1876.

» *Monsieur,*

» Le Gouverneur me charge de vous renvoyer votre lettre dont il a pris connaissance. Il me charge en même temps de vous dire que M. le Consul de France à Haï-Phong n'a agi que d'après ses ordres formels. C'est donc à lui-même que s'adressent vos critiques et vos protestations.

» Elles sont conçues dans des termes tels qu'il lui serait impossible, si le même fait se reproduisait une seconde fois, de ne pas réunir le Conseil privé pour lui soumettre l'examen de vos procédés, et le consulter sur les mesures à prendre.

» Veuillez agréer, Monsieur, l'assurance de ma considération.

» *Le chef du cabinet du Gouverneur,*
» *Signé* : Conneau. »

Dépouillé de tous ses biens, abandonné par son personnel, repoussé par le gouverneur, M. Dupuis, à bout de forces, se fit porter à bord d'un navire en partance pour Saïgon, où la persécution impitoyable exercée contre lui poursuivit son cours. M. Dupuis, pour éviter un gaspillage sans vergogne, sollicita de l'amiral le droit d'employer *lui-même* les fonds provenant des hypothèques prises sur ses navires : il fut refusé. — C'est alors que l'amiral, pour couronner 'œuvre, suscita contre M. Dupuis une procédure remarquable. On fit croire à M. Dupuis qu'en allant voir les membres du Tribunal de commerce, et en leur déposant un état de situation, il pourrait obtenir des secours et arranger ses affaires.—Le Tribunal de commerce, le même jour, considérant cet état comme un dépôt de bilan, déclara d'office la faillite de M. Dupuis, qui n'avait à Saïgon ni un créancier, ni une propriété, ni un domicile ! M. Dupuis était ainsi retenu à Saïgon, et ne pouvait aller en France. Quatre mois après, ce jugement fut rapporté par le Tribunal de Saïgon, mieux informé.

Daus cette lutte judiciaire, insupportable à un homme d'action, miné déjà par les peines et les maladies, les forces de M. Dupuis s'épuisèrent ; peu s'en est fallu que l'homme et l'affaire ne fussent à la fin éteints. On y comptait. Un jour vint cependant où M. Dupuis, échappé à la mort, s'embarquait pour la France ; il avait pris la mer depuis une heure à peine, quand les fils du télégraphe apportèrent à Saïgon la dépêche citée plus haut :

« *Par tous les moyens légaux,*
» *Rien que par les moyens légaux,*
» *Empêchez Dupuis de partir.* »

« *Rien que par les moyens légaux,* » est d'une délicatesse à faire frémir, quand on se rappelle la suite des procédés arbitraires employés contre M. Dupuis, et encore ce télégramme expédié par le ministre, amiral de Montaignac, en 1874 :

« *Faites tout votre possible pour endormir et faire traîner l'affaire Dupuis, elle s'éteindra d'elle-même avec le temps.* »

M. l'amiral de Montaignac l'a bien dit : *L'affaire Dupuis s'éteindra d'elle-même.....* dans la justice rendue à l'opprimé et dans la sanction de toutes les responsabilités.

J. DUPUIS.

Paris, le 23 juin 1876.

ANNEXES.

ANNEXE N° 1.

Tchefou, le 28 août 1873.

Le ministre de France en Chine.

J'ai reçu, Monsieur, la lettre que vous m'avez adressée, le 25 mai dernier, pour me faire connaître les détails de votre entreprise au Yûn-Nân. Je vous félicite du premier succès que vous avez obtenu.

J'apprécie, comme vous, les résultats de la nouvelle voie commerciale, dont vous avez pratiquement démontré les avantages. J'espère qu'elle aura pour effet d'étendre notre influence dans des pays où elle n'a pas encore pénétré et qui semblent bien préparés à la recevoir.

Recevez, Monsieur, l'assurance de ma parfaite considération.

Signé : L. DE GEOFROY.

ANNEXE N° 2.

COCHINCHINE FRANÇAISE

CABINET
DU GOUVERNEUR
Commandant en Chef.

N°

Saïgon, le 1er septembre 1873.

A Son Excellence le vice-roi du Yûn-Nân.

J'ai appris, avec la joie la plus vive, le succès de Votre Excellence sur les Mahometans rebelles, et je lui en adresse mes félicitations les plus sincères. Elle sait déjà sans doute tout l'intérêt que je porte à la belle province qu'elle gouverne.

C'est avec mon assentiment que le commandant de navire Ngan, qui a déjà visité le Yûn-Nân, il y a cinq ans, comme envoyé du Gouvernement français, lui avait offert son concours pour la prise de la ville de Taly, et j'étais disposé à aider Son Excellence de toutes mes forces pour atteindre un but si désirable.

Aujourd'hui, c'est avec une grande satisfaction que je vois des relations commerciales fructueuses sur le point de s'établir entre le Yûn-Nân et l'empire d'Annam, dont une partie appartient à la France.

J'ai appris que des difficultés s'étaient élevées entre le sieur Dupuis, Français, au service de Votre Excellence, et le Gouvernement annamite, et je vais immédiatement travailler à les aplanir.

Il est inutile que Votre Excellence se préoccupe d'une question qu'il est de mon devoir de résoudre, ni qu'elle envoie des troupes pour soutenir le sieur Dupuis. J'envoie au Tong-Kin le même officier Ngan, pour faire rendre justice à vos envoyés et en même temps pour rechercher les moyens d'établir sur le pied le plus équitable un commerce qui doit être si avantageux aux peuples dont le gouvernement nous est confié.

Je prie Votre Excellence d'avoir égard à ce que lui communiquera cet officier. Je la prie de m'informer de tous ses désirs. Je suis prêt à m'entendre avec elle, tant pour les choses de commerce que pour les choses de guerre, si des gens pervers suscitaient encore dans le Yûn-Nân de nouvelles rébellions.

Que Votre Excellence agrée l'assurance de ma haute considération.

Signé : Contre-Amiral J. DUPRÉ.

ANNEXE N° 3.

COCHINCHINE FRANÇAISE

CABINET
DU GOUVERNEUR
Commandant en Chef.

N° 531.

Saïgon, le 1er septembre 1873.

A Son Excellence le vice-roi des deux Kouang, etc., etc.

C'est avec une vive satisfaction et une profonde reconnaissance que j'ai appris les dispositions amicales de Votre Excellence pour un sujet français, le sieur Dupuis, qui est au service du Gouvernement du Yûn-Nân. Mon devoir est de remercier Votre Excellence pour la généreuse protection qu'elle lui a accordée et en même temps pour l'aide que les soldats du Kouang-Si ont donné à un pays ami et voisin, l'Annam, pour la répression des rebelles. Les intérêts de la France sont, en effet, intimement liés à ceux de l'Annam, et qui tend la main à l'un mérite la reconnaissance de l'autre.

J'ai accueilli aussi avec une grande joie qu'un Français avait trouvé une route avantageuse pour pénétrer dans le Yûn-Nân et avait créé ainsi de nouvelles relations d'amitié et de commerce entre la France et l'Empire du Ciel; mais il n'est pas juste que je laisse à Votre Excellence tout le fardeau de la protection des intérêts du commerce dans une région, le Tong-Kin, aussi voisine de Saïgon. L'amitié se prouve par des services réciproques, et à une main tendue une autre main doit répondre. J'ai donc résolu de m'entendre avec la Cour de Hué, pour rétablir la paix dans ses provinces et pour rétablir sur un pied satisfaisant les relations commerciales entre le Tong-Kin et le Yûn-Nân. Dans ces conditions, comment la présence des soldats chinois dans l'Annam continuerait-elle à être nécessaire? Les routes sont longues et difficiles, le pays malsain, les dépenses pour entretenir les troupes considérables. Le cœur de Votre Excellence ne peut pas ne pas souffrir de cet état de choses. Je lui offre donc de retirer ses troupes ainsi que celles qui pourraient encore venir du Yûn-Nân, de leur épargner ainsi un exil pénible, un voyage pénible et dangereux.

Je me fais fort, d'accord avec le gouvernement annamite, de protéger d'une façon efficace le commerce, les intérêts chinois, qui sont aussi les intérêts français.

De la sorte, il n'y aura pas de confusion possible, et une amitié sincère continuera à régner entre les deux royaumes.

Je recevrai avec reconnaissance toutes les communications que Votre Excellence pourrait avoir à me faire au sujet des réclamations ou des besoins des sujets chinois qui font le commerce en Annam, et je saisis avec empressement cette occasion de renouveler à Votre Excellence l'assurance de mon amitié et du bon souvenir que je garde de ma visite à Canton il y a trente mois.

Le contre-amiral gouverneur et commandant en chef,

Signé : Contre-Amiral J. Dupré.

ANNEXE N° 4.

Extrait d'un acte reçu Chaignon, notaire à Saïgon, le 25 *juillet* 1873.

INTERVENTION D'UNE CAUTION.

« A ces présentes est intervenu M. Marie-Albert de Montjon, directeur de l'inté-
» rieur, agissant au nom et pour la colonie de la Cochinchine française, avec auto-

» risation spéciale de M. le contre-amiral Dupré, gouverneur et commandant en chef
» de la Cochinchine.

» Lequel, après avoir pris connaissance et que lecture lui a été faite de l'obliga-
» tion contractée par M. Millot, mandataire de M. Jean Dupuis, au profit de ladite
» *Hong-Kong and Shang-Hai Banking corporation*, pour raison du prêt que ladite
» banque lui fait de la somme de trente mille piastres, a déclaré se rendre caution
» solidaire de M. Jean Dupuis envers ladite banque, ce qui est accepté pour elle par
» M. David Hardie, et s'oblige, avec lui, au remboursement de ladite somme de
» trente mille piastres et au paiement des intérêts de la manière ci-dessus établie.

« A ces présentes est intervenu M. Ernest Arcade Millot, négociant, demeurant
» à Shang-Hai, et agissant comme mandataire de M. Dupuis.

» Lequel, en sadite qualité, a pour sûreté et garantie des sommes avancées à
» M. Dupuis ou payées pour lui par le gouvernement français, déclaré affecter et
» abandonner :

» 1° Tous les biens meubles, immeubles et navires que M. Dupuis possède, sans
» aucune exception ni réserve, soit personnellement, soit par indivis ;

» 2° Dix mille picules d'étain que les autorités de la province de Yûn-Nân doivent
» à M. Jean Dupuis, aux termes d'un contrat passé entre ledit sieur Dupuis et les
» autorités du Yûn-Nân, dans le courant de l'année 1870 ;

» 3° Tous les autres métaux qui pourront devenir la propriété de M. Jean Dupuis,
» par suite d'échanges faits ou à faire avec d'autres personnes que les autorités du
» Yûn-Nân ;

» 4° Le montant de l'indemnité due audit M. Jean Dupuis par le gouvernement
» d'Annam, indemnité s'élevant au chiffre de deux cent cinquante mille piastres
» mexicaines ;

» En vertu de cet abandon, M. Marie Albert de Noujon pourra faire faire, par qui
» de droit, toutes saisies relativement aux dix mille picules d'étain et aux deux cent
» cinquante mille piastres dont il a été ci-dessus parlé. »

ANNEXE N° 6.

Proclamation de M. Garnier au peuple tonkinois (traduite de la langue annamite).

Hâ-Noï, le 8 novembre 1873.

Le gouverneur de cette ville vient de faire une proclamation au peuple qui dénature ma mission. Je l'ai invité à la retirer, mais j'apprends qu'il ne l'a pas encore fait.

J'ai été envoyé ici par l'amiral-gouverneur de la Cochinchine française pour examiner les différends survenus entre M. Dupuis et les autorités annamites, et tâcher, si faire se peut, de les aplanir, mais nullement pour expulser M. Dupuis; ni venu, comme le dit la proclamation du gouverneur, sur l'ordre et la demande de la cour de Hué pour chasser le même Dupuis et partir avec lui.

Ma mission a un autre but, dont le principal est de protéger le commerce en ouvrant le pays et son fleuve à toutes les nations sous la protection de la France.

ANNEXE N° 7.

Proclamation de M. Garnier au peuple tong-kinois (traduction de la langue annamite.)

Hâ-Noï (Tong-Kin), le 11 novembre 1873.

Le grand mandarin Garnier, commandant militaire et envoyé politique de l'amiral gouverneur de la Cochinchine française pour régler la question commerciale au Tong-Kin.

Les mandarins de cette ville empêchent les commerçants de venir me trouver pour me renseigner sur les meilleurs moyens à prendre dans l'intérêt du commerce.

Qu'on se rassure; je suis venu ici pour protéger les intérêts commerciaux, qui sont maintenant et pour toujours sous la protection de la France.

Les vice-rois de Canton et du Yûn-Nân sont nos amis; que le peuple, désormais, ne craigne plus les menaces des Annamites et vaque en toute sécurité à ses affaires.

A l'avenir, tous les commerçants de ce pays seront sous la haute protection de la France. Ceux qui continueront à obéir et à entretenir des relations avec les autorités annamites seront expulsés du territoire.

A l'avenir, pour l'acquit des droits de douane, les commerçants ne devront plus reconnaître que les autorités françaises.

ANNEXE N° 8.

Proclamation de M. Garnier pour l'ouverture du Tong-Kin au commerce (1).

Hâ-Noï, 15 novembre 1873.

Le grand mandarin Garnier, envoyé au Tong-kin par l'amiral gouverneur de la Cochinchine française, pour s'entendre avec les autorités de l'ouverture du pays au commerce étranger, fait savoir qu'il a été décidé ce qui suit :

1° A partir de ce jour, le fleuve Rouge est ouvert au commerce français, espagnol et chinois, de la mer au Yûn-Nân.

2° Les ports ouverts seront : Haï-Phong, par 20° 42' de latitude Nord et 104° 30' de longitude Est du méridien de Paris ; Thaï-Binh, par 20° 35' de latitude Nord et 104° 20' de longitude Est. Le mouvement des marées ne nous est pas encore assez connu pour l'indiquer ; nous le ferons connaître le plus tôt possible, ainsi que les renseignements sur l'hydrographie de ces mers.

3° Les droits de douane seront *ad valorem* 2 0/0, tant pour les importations que pour les exportations.

4° Les négociants feront leurs déclarations au préposé de la douane à Hâ-Noï, qui aura à percevoir le droit de 2 0/0 sur la valeur des marchandises, et à délivrer un permis d'embarquement et de débarquement.

5° Les marchandises qui passeront en transit pour le Yûn-Nân (Chine) paieront 1 0/0 à l'importation comme à l'exportation.

6° Les marchandises provenant de Saïgon (Cochinchine française) ou à destination de cette dernière ville, ne paieront que demi-droit : soit 1 0/0 pour le Tong-Kin, et 1/2 0/0 pour le Yûn-Nân.

7° La révision du présent Tarif sera dénoncée six mois à l'avance.

8° Les commerçants chinois et les autres commerçants intéressés seront sous la protection du pavillon français, et ne dépendront en rien des autorités annamites.

9° Les négociants de toutes nations pourront acheter des terrains et des maisons, à Hâ-Noï, pour leurs établissements.

10° Toutes les douanes annamites qui existent sont et demeurent supprimées.

---

(1) Cette proclamation a été adressée aux agents français en Chine.

ANNEXE N° 9.

Proclamation de M. Garnier après la prise de la citadelle d'Hâ-Noï
(traduit de l'annamite).

Hâ-Noï, le 20 novembre 1873.

L'envoyé du grand royaume de France, Garnier, fait savoir au peuple qu'il est venu au Tong-Kin par ordre de l'amiral pour ouvrir une voie au commerce. Les mandarins d'Hâ-Noï, le maréchal Nguyen, le vice-roi Pi-Che-Tien et d'autres encore ont dénaturé le but de notre mission près du peuple, en faisant courir des bruits en contradiction avec nos intentions. Ils ont cherché à se débarrasser de nous en nous tendant des embûches et des pièges ; c'est ainsi qu'ils ont fait construire des barrages pour empêcher aux navires de passer, qu'ils ont tenté de nous empoisonner, d'incendier nos magasins à poudre pour faire sauter nos habitations, et qu'ils ont appelé les bandits aux pavillons Noirs et d'autres rebelles et pirates pour nous exterminer, etc. En présence de ces procédés barbares employés contre nous, il m'était impossible de ne pas prendre des mesures énergiques et promptes. J'ai donc envoyé des soldats pour s'emparer de ces mandarins perfides, et je vais les envoyer au roi d'Annam pour qu'ils soient punis. Que tous les mandarins du Tong-Kin grands et petits observent les lois de la justice envers le peuple, et la tranquillité règnera dans le pays. Que le peuple reste en paix à s'occuper de ses travaux ordinaires, les négociants de leur commerce, les cultivateurs de leurs travaux des champs, les étudiants de leurs études, sans fuir leur demeure.

La rigueur que j'ai été forcé d'employer contre le maréchal et les autres mandarins est obligatoire dans tous les pays ; c'est un devoir rendu au peuple.

Dans le cas où il y aurait des gens pervers qui troubleraient l'ordre public, ils seront châtiés sévèrement suivant la justice.

Seront punis de mort, ceux qui assassineront, incendieront ou commettront des méfaits assimilés à ces derniers crimes.

ANNEXE N° 10.

Extrait de la convention imposée par M. Esmez aux Annamites.

. . . .

. . . .

Nous demandons et, si l'on nous y force, nous exigerons.

Art. 1er. — Le Tong-Kin est ouvert au commerce français, espagnol, chinois et annamite, comme il a déjà été dit dans les précédentes proclamations.

Art. 2. — Les bateaux circuleront tranquillement, sans avoir à redouter aucune entrave de la part des mandarins.

Art. 3. — Toute troupe de la capitale sera retirée entre le Hat-Giang et la mer, et il ne sera conservé que les milices indigènes nécessaires aux différents services administratifs.

Art. 4. — Toute troupe, quelle qu'elle soit, se retirera de l'autre côté du Hat-Giang.

Art. 5. — Les têtes et les corps des cinq Français morts lors de l'attaque de la citadelle de Hâ-Noï, seront rapportés dans le plus bref délai.

Art. 6. — Un mandarin dûment accrédité sera envoyé dans chacune des citadelles occupées par les Français, auprès de l'officier commandant, qui lui rendra le service administratif.

Art. 7. — Il sera pourvu aussitôt par le mandarin aux vacances laissées parmi les fonctionnaires du pays, afin que la tranquillité lui soit immédiatement rendue.

Art. 8. — Aucun des fonctionnaires nommés depuis les derniers événements, à cause de la fuite des anciens mandarins inutilement invités à rester, *ne sera changé sans une enquête faite de concert par les officiers français et les mandarins de Hâ-Noï.*

Art. 9. — *Les populations requises par les Français ne seront pour ce fait nullement inquiétées.*

Art. 10. — Les garnisons françaises seront maintenues dans les citadelles jusqu'à la ratification du traité définitif par la noble cour et l'amiral gouverneur.

Les Français promettent en retour :

1° De secourir de leurs armes les provinces ravagées par les pirates et les rebelles, chaque fois que cela sera nécessaire à la sécurité du commerce ;

2° De garder le fleuve et d'en assurer pour toujours la paisible navigation.

ANNEXE N° 11.

Extrait de la Convention signée entre M. Philastre et l'ambassadeur annamite.

Art. 2. — . . . .

. . . .

Les Français s'établissent à Haï-Phong afin de protéger le royaume Annamite contre ceux qui voudraient pénétrer dans l'intérieur du pays contrairement aux lois du royaume et pour forcer les navires du *certain Dupuis à demeurer au port jusqu'à la conclusion du traité, au cas qu'il y ait une stipulation autorisant les Européens à venir faire le commerce au Tong-Kin.*

. . . .

. . . .

. . . .

ART. 14. —*Le certain Dupuis, ainsi que les Français et les Chinois qui l'accompagnent quitteront la ville de Hâ-Noï avant les troupes françaises et se rendront à Haï-Phong, conduits par un officier français; ils attendront là que le fleuve soit ouvert au commerce. Le navire de Dupuis, appelé* Hong-Hïang, *et qui cale trop d'eau pour descendre le fleuve, demeurera provisoirement à Hâ-Noï, sous la garde du résident.*

Si Dupuis veut quitter le Tong-Kin, et se rendre au Yûn-Nân en remontant le fleuve par Hung-Hoa, il priera le résident de demander pour lui l'autorisation aux mandarins de Hâ-Noï, déclarant au préalable le nombre de ses navires et des personnes qui les montent. Ces gens, tant Européens que Chinois, ne devront pas être plus de 65, *sans compter les Annamites qui seraient employés à ramer; le nombre des bateaux ne pourra pas dépasser* 10. *Dans ces conditions, les mandarins de Hâ-Noï délivreront un passeport pour le pays soumis à l'Annam: dans les lieux occupés par les rebelles où il n'y a pas de troupes annamites, Dupuis se tirera d'affaire comme il pourra. Il n'aura de munitions de guerre que pour sa défense personnelle, et ne devra pas en vendre ou en donner à qui que ce soit sur le territoire annamite. La quantité de ces munitions sera fixée par le résident, de concert avec les mandarins de Hâ-Noï. Une fois au Yûn-Nân, Dupuis ne reviendra plus au Tong-Kin avant l'ouverture du fleuve au commerce.*

Si au lieu d'aller au Yûn-Nân il se fixait en quelque endroit appartenant au royaume annamite sans en avoir l'autorisation, les Français s'engagent à aller l'en chasser et si c'est nécessaire, ils requerront le gouvernement annamite, qui, de son côté, enverra aussi des soldats.

26ᵉ *année de Tu-Duc,* 21ᵉ *jour de la* 12ᵉ *lune.* (6 *février* 1874).

Imprimerie E. Brière, 257, rue Saint-Honoré.

www.ingramcontent.com/pod-product-compliance
Lightning Source LLC
LaVergne TN
LVHW020249230826
846091LV00006B/2317

9782013464086